JN441101

초역

부처의 인생 수업

2500년 고전이 우리에게 전해 준 삶의 해답

초역

부처의 인생 수업

시라토리 하루히코 지음 · 정은지 옮김

billybutton
빌리버튼

나아갈 힘은 충분히 있다.
다만 어느 방향으로 나아가야 하는지를
모르는 것이 문제일 뿐.

누구도 정해줄 수 없기에
고민은 깊어지고,

무엇도 확신할 수 없기에
불안은 커진다.

하지만 멈춰 서 있을 수만은 없다.
오직 나만의 인생이기에.

결정도 책임도
온전히 나의 몫이어야 하기에.

앞이 보이지 않는 길 위에서
다시 한번 나에게 방향을 묻는다.

드넓은 바다로 나아가는 배가
이리저리 흔들리는 것은 당연하다.

거센 파도를 거스르려 한다면
나를 흔드는 물살은 더 거세질 뿐이다.

부처 역시 이렇게 말했다.

“무엇도 고민하지 말고
그저 그대의 길로 나아가라.”

삶의 본질을 꿰뚫은 부처의 말은
그 자체로 우리를 붙잡아 주는
생명의 말이었다.

시대가 바뀌고
세상이 바뀌어도
변하지 않는 진실의 가르침.

부처의 말은
현대에도 여전히
수많은 사람의 길을 밝히고 있다.

차례

1장
인간관계에 대하여

2장

마음을 다스리는 법

3장

오직 나만의 길을 가라

4장

욕망을 비우고 고통에서 벗어나라

5장

현명한 삶을 사는 법

6장
모두 비우고 가볍게 살라

7장
지혜롭게 나이 드는 법

인간관계에 대하여

001

그의 몸가짐을 보라

그가 어디에서 왔건 개의치 말라.
어떤 지위에 있는지, 어떤 공적을 세웠는지
어떤 가문에서 태어났는지
그게 무슨 의미가 있는가?
단 하나, 그의 몸가짐만을 보라.
지금 이 순간 무엇을 하고 있는지 보라.
몸가짐이 바르고 수치심을 알며 경거망동하지 않는다면
어떻게 태어났건 그는 이미 고귀한 사람이다.

-수타니파타 제3장

002

괴롭히지 말라

누구나 자기 자신은 가여운 법이다.
이 사실을 기억하라.
아무리 나쁜 인간이라도 자기 자신은 애처로운 법이다.
자기 목숨은 어떤 것과도 바꾸기 싫은 법이다.
그렇기에 인간은 늘 두려움에 떤다.
절대로 타인을 괴롭히지 말라.
결코 죽이지 말라.

-우다나바르가 제5장

003

행복의 꽃이 필 때

어리석은 자, 마음이 썩은 자와는
절대로 함께하지 말라.
현명한 자를 가까이 두라.
그들과 우정을 나누고 그들을 마음 깊이 존경하라.
그곳에 행복의 꽃이 피리라.

-수타니파타 제2장

004

진정한 친구란

누군가 자신이 당신의 친구라고 아무리 떠들어도
그가 진정한 친구라고 단정할 수는 없다.
만약 그가 자신을 지키기 급급해
당신에게는 아무것도 해 주지 않는다면,
책임을 지지 않는다면 진정한 친구가 아니다.
상황에 맞춰 말만 번지르르하게 하는 사람도
친구가 아니다.
다른 사람의 불행을 즐기는 사람도 친구가 아니다.
진정한 친구라면
둘 사이는 단단한 신뢰의 끈으로 묶여 있다.
그 끈은 타인의 언행으로 인해 끊어지지 않는다.

-수타니파타 제2장

005

절대
화를 화로 갚지 말라

분노하는 자에게 절대로 분노로 맞서지 말라.
화를 화로 갚지 않고 조용히 고개를 끄덕인다면
악은 더 이상 퍼지지 않는다.
이것이 당신을, 그리고 분노하는 상대를 위하는 길이다.
그와 당신을 위한 치료법이다.
하지만 세상 사람들은 이해하지 못한다.
화를 화로 갚는 것을 당연하게 생각하고
그러지 않는 자를 아둔하다고 여긴다.

-산유타니카야 제7편 제1장

006

남을
배려한다는 것

다른 사람에게 상처를 주지 말라.
신체는 물론 말, 태도, 표정, 몸짓, 눈빛,
어느 하나로도 상처를 주어서는 안 된다.
상대방이 알아채지 못한다 하더라도
마음속으로 누군가를 상처 주어서도 안 된다.

-산유타니카야 제7편 제1장

007

출신에 연연하지 말라

왜 출생과 출신에 연연하는가?

묻는다면 그 사람의 출생이 아니라

그가 지금 무엇을 하고 있는지 물어라.

큰 집에서 태어났다고 큰불을 지피는 것은 아니다.

불은 아주 작은 나뭇조각에서 피어나

온 숲을 덮는다는 사실을 기억하라.

-산유타니카야 제7편 제1장

008

기쁨을 주는 진실의 말

말을 할 때는
타인을 해치지 않을 말만 입에 담아라.
그 말이 나를 해치지 않도록 주의하라.
아첨과 아부가 아닌 진실을 말하되
상대에게 기쁨을 주는 말만 하라.

-수타니파타 제3장

009

이런 사람을 사귀라

아무것도 믿지 못하는 자는 멀리하라.
그런 자는 다 말라 버린 저수지와 같다.
가까이하는 동안 썩은 냄새를 풍기는
더러운 물이 넘치리라.
당신이 좋아하는 사람이 이런 사람이라면
가까이하지 않는 것이 좋다.
정 때문에 습관적으로 계속 만나다 보면
언젠가 당신도 아무것도 믿지 못하는 사람이 되고 만다.
신의가 있고 지혜가 있는 자를 가까이 두라.
그런 사람은 언뜻 차가워 보이지만 맑고 깨끗하다.
그런 사람에게는 혼탁함이 없다.

–우다나바르가 제10장

010

분노는 재앙을 낳는다

화내지 말라.

나만 옳다는 생각에 사로잡혀

다른 사람을 비난하지 말라.

화를 내며 악의를 품고 말을 전하지 말라.

마치 강한 바람을 향해 뿌린 먼지가

다시 나에게 돌아오듯,

재앙은 결국 당신 자신에게 돌아온다.

-산유타니카야 제7편 제1장

011

물고기를 감싼 잎의 냄새

길상초 잎으로 물고기를 감싸면
길상초에 비린내가 밴다.
향기로운 나무를 감싼 잎은
그 향기를 온 천지에 퍼트린다.
인간관계도 이와 같다.
자신도 모르는 사이에 상대방에게 물들고 만다.
악인과 사귀면 그 악행이 나에게 옮는다.
거리를 두고 사귄다고 해도 악취는 사라지지 않는다.
인간관계란 그런 것이다.

–우다나바르가 제25장

012

마음은 보이지 않는다

보는 것만으로 그 사람의 본모습을 알기는 어렵다.
용모와 태도만으로는 참모습을 알 수 없다.
타인을 의식해 능숙하게 연기를 하는 자들도 많다.
정반대의 성격과 행동을 보이는 자들도 있다.
겉치레로 무장한 자들이 판을 친다.
추종자들에 둘러싸여 그럴싸해 보이는 자들도 있다.
성스러운 인간인 척하지만
속마음은 흙탕물투성이인 자들도 있다.

-우다나바르가 제29장

013

증오하는 마음이 불운의 싹

불운에서 벗어나라.
불운은 어디에서 오는가?
희망과 꿈을 사라지게 하고
고통과 슬픔을 부르는 불운은 어디에서 생겨나는가?
악인이 당신을 불운의 화염으로 내모는 것이 아니다.
누군가를 증오할 때
혹은 자기 자신에게 저주의 말을 퍼부을 때
불운은 홀연히 나타나
거친 파도 속으로 당신을 떠민다.

-담마파다 제15장

014

논쟁으로 얻은 칭송은 평안을 깨는 무기일 뿐

논쟁을 멈추라.
아무리 당신이 옳다고 주장하고 싶어도,
상대방을 훈계해 바른길로 이끌고 싶어도,
사사건건 논쟁하지 말라.
논쟁의 결과는 결국 칭송과 비난 둘 중 하나다.
비록 칭송을 받는다 해도
그것은 하찮은 허세에 불과하다.
논쟁은 몸과 마음의 평안을 깨는 무기일 뿐.
절대적인 평안과 안락에 이르고 싶다면
지금 당장 논쟁을 멈추라.

-수타니파타 제4장

015

불행을 부르는 말

험담과 악담, 모욕적인 말을 듣고
분노가 치밀어도,
참을 수 없는 비난을 되받아치고 싶어도,
나쁜 말들을 입에 담아서는 안 된다.
일단 입에 담은 나쁜 말은
화살처럼 빠르게
수많은 고통과 근심만을 줄 뿐이다.
나쁜 말들은 상대가 아니라 당신을 더 멍들게 한다.
불행의 나락으로 떨어뜨린다.

-우다나바르가 제7장

016

원한의 씨앗

원한이 조금이라도 남아 있으면 뿌리째 잘라 버리라.
원한은 인간을 망가뜨린다.
원한이 조금이라도 남아 있는 길은 절대 가지 말라.
원한은
사소해 보이는 생각과 말 속에 뿌리를 내린다.
"그 사람이 나를 비난한다."
"그 사람이 이런 말을 했다."
"그 사람이 나를 넘어뜨렸다."
"내가 그 사람을 이겼다."
"나는 그 사람을 이렇게 생각한다."
이런 생각과 말이 원한의 씨앗이 된다.

-우다나바르가 제14장

017

가족에 대한 집착

가족과 친척에게 아주 조금이라도

집착하고

얽매이고

이로 인해 걱정한다면

그들에게 구속되어 있다는 뜻이다.

집착을 버린다는 것은, 애착을 버린다는 것은

그런 것마저 버린다는 것을 의미한다.

그래야 비로소 고요와 깨달음의 길을 걸을 수 있다.

-우다나바르가 제18장

018

자신의 언행을 돌아보라

왜 항상 타인과의 관계에 얽매여 있는가?
타인을 의식하고 소문에 귀 기울이고
이런저런 말을 늘어놓는가?
왜 항상 타인의 말과 행동에 신경 쓰고
타인의 과거에 대해 이런저런 말을 얹는가?
자기 언행의 옳고 그름에만 모든 신경을 기울이라.
사는 동안 선을 행하는 일에만 온 노력을 쏟아부으라.
수많은 꽃으로 꽃다발을 만들듯
선행의 꽃다발을 만들라.

-우다나바르가 제18장

019

자타의 분별은 허망한 집착

누구나 나라는 존재는 여기에 있고
내가 아닌 타인이라는 존재는
다른 곳에 있다고 생각한다.
나와 타인은 완전히 별개라고 생각한다.
누구나 나라는 존재가 하는 언행과
나 아닌 타인의 언행은 다르다고 생각한다.
하지만 이런 생각은 허망한 집착에 지나지 않는다.
이런 집착은 당신의 몸과 마음에 깊이 박혀
좀처럼 빠지지 않는 화살과 같다.
나와 타인은 다르다는 관념에서 벗어나라.

-우다나바르가 제27장

020

호감을 얻고 싶다면

다른 사람에게 호감을 사고 싶다면
해야 할 일에 매진하라.
수치심을 알고 진실을 말하며
신중하고 진지하게 행동하라.
그것이 당신 자신을 위한 길이다.
스스로를 위한 이런 말과 행동이
결국 당신을 평가하는 기준이 된다.

-우다나바르가 제5장

021

악을
이기는 법

화를 이기는 방법은 화를 참는 것이다.

악행을 이기는 방법은 선을 행하는 것이다.

거짓말과 소문, 험담, 욕설을 이기는 방법은

진실을 말하고 흔들리지 않는 것이다.

빈곤을 이기는 방법은 나누고 베푸는 것이다.

베풀기만 해도 높은 경지에 이를 수 있다.

베푸는 삶을 사는 사람에게는 걱정과 근심이 없다.

-담마파다 제17장

022

베풀면
자유로워진다

받고자 하는 마음을 버리고 먼저 내주라.
최소한의 것만 소유하라.
과함을 삼가고 욕망을 억제하는 데 항상 힘쓰라.
평소에 이런 태도를 가지면
다른 사람에게 원망을 살 일도,
스스로에게 울분이 쌓이는 일도 없다.
아무리 작은 악행이라 해도 범하지 말라.
욕망과 분노, 번뇌를 버리라.
그러면 무엇에게도, 아무에게도 구속받지 않고
진정한 자유를 누리게 되리라.

-대반열반경 제4장

023

최고의
인내

대부분의 사람들은
자신이 관대하고 인내심이 강하다고 생각한다.
자기보다 훌륭해 보이는 사람의 말에 반박하지 않는다.
맞서다 질지도 모른다는 두려움 때문이다.
동료가 내뱉은 말이 마음에 걸려도 부정하지 않는다.
불화를 자초해 어색한 상황을 만들지도 모른다는
두려움 때문이다.
하지만
자기보다 어리거나 부족해 보이는 사람의 말은
지체 없이 반박하고 부정한다.
한순간의 인내도 허락하지 않는다.
그러나 이때 발휘하는 인내야말로 최고의 인내이다.

-우다나바르가 제20장

마음을 다스리는 법

024

청아하게
살라

연연하지 말라.

어느 쪽으로도 치우치지 말라.

마음이 가라앉지 않도록 경계하라.

잡념을 버리라.

그저, 청아하게 살라.

-수타니파타 제3장

025

다
벗어 버리라

비는
껍데기 속으로 숨어드는 자에게 내린다.
모든 것을 다 드러내 보인 자에게는 내리지 않는다.
그러므로 당신을 싸고 있는 껍데기를 벗어 버리라.
다 내려놓으라.
그리하면 비도 멈추리라.

-우다나바르가 제6장

026

몸을
바로 세우라

인간의 몸은 물병처럼 연약한 존재다.
그러므로 흔들리지 않게 몸을 바로 세우라.
안전한 곳에 두라.
늘 마음을 다하라.
가벼이 하지 말고 소중히 다루라.

-수타니파타 제1장

027

깊은
호수처럼 살라

깊은 호수처럼 살라.
조용하고 맑고 깨끗하고 차가운 호수처럼 살라.
깊은 호수와 같은 마음을 가지라.
바람 한 점에도 흔들림 없이,
햇빛 아래에서도 의연하게,
어떤 소리에도 움츠러들지 말고,
늘 한결같은 호수처럼 살라.
마음에 호수를 품고 살라.

-수타니파타 제1장

028

깨달은 자

지혜의 길에 도달한 자는 맑은 물과 같다.
몸이나 마음, 말 때문에
아주 사소한 악의 감정이 생길지라도
티끌 하나조차 감추지 못한다.
그는 이미 아무것도 숨길 수 없는 경지에 이른 것이다.

-수타니파타 제2장

029

설득하지 않는다

불교에는 '설득'이라는 말이 없다.

불교는 설득하지 않는다.

그저 마음속 평안을 끄집어낼 뿐이다.

-수타니파타 제4장

030

마음이 모든 것을 만들어 낸다

지금 눈앞에 있는 사물과 현상이
아름다운지 추한지,
분쟁을 일으키는 불씨가 될지 아닐지,
큰 문제로 번질 여지가 있을지 없을지,
앞으로 당신을 괴롭힐지 아니면
달콤한 기쁨을 줄지는
전부 당신 마음에 달려 있다.
마음이 모든 것을 만들어 낸다.

-담마파다 제1장

031

보고 들은 것을 판단하지 말라

망상과 집착을 버려도
사는 동안 많은 일을 보고 듣게 된다.
눈으로 들어온 것은 눈에만 머물게 하라.
눈으로 들어온 것에 마음과 감정이 흔들리지 않도록.
귀로 들어온 것은 귀에만 머물게 하라.
그러면 이것들이 마음속으로 들어가
고통과 번민의 씨앗이 될 일은 없으리라.

-우다나바르가 제36장

032

마음을 들여다보라

자기 자신의 마음을 들여다보라.
진지한 눈으로 들여다보라.
마음을 어디에 빼앗기고 있는지,
무엇에 현혹되어 있는지,
어떤 감정에 물들어 있는지, 가만히 들여다보라.
세속적인 근심은 없는지,
세속적인 탐욕은 없는지 조용히 들여다보라.
아무것도 없다면 마음도 없다.
무엇인가 있다면 그것을 없애고 홀가분해지라.

-대반열반경 제2장

033

고요한 시간을 즐기라

고요함을 즐기라.
아무것도 마음에 담아 두지 말고
그저 시간에 당신을 맡기라.
그러면 모든 후회와 근심, 걱정, 고통이 사라진다.
낮도 밤도, 그리고 당신 자신조차도
고요하게 만들라.
그 풍성한 시간을 즐기라.

-산유타니카야 제4편 제2장

034

세상 끝까지
뛰라

괴로움에서 벗어나는 방법은
세상 끝까지 뛰는 것이다.
걸어서는 안 된다.
지금 이곳에서 온 힘을 다해 뛰라.
세상 끝까지 뛰어
끝내 세상을 멈추게 하고 사라지게 하라.
세상의 끝이란, 곧 열반의 경지.
완벽한 정숙함과 투명함으로 가득한
세상의 끝이다.

-산유타니카야 제2편 제3장

035

명상의 즐거움

마음을 하나로 모아 명상에 힘쓰며
명상의 깊이를 아는 자는
더없는 즐거움을 누린다.
하지만 그 즐거움은
노래와 춤, 음악으로 얻는 즐거움과는 다르다.
명상을 통해 얻는 즐거움은
세상 사람들이 느끼는 즐거움과는 차원이 다르다.

-우다나바르가 제31장

036

후회하지 말라

우울하거나 마음이 닫혀 있으면
절대 깨달음에 도달할 수 없다.
그러므로 어떠한 일에도
침울해져서는 안 된다.
과거를 곱씹고 끙끙거리며 후회해서는 안 된다.
반성과 후회 또한
깨달음을 방해하는 허무한 집착일 뿐이다.

-수타니파타 제5장

037

현재를
살라

고통을 초래하는 집착을 벗어던지는 길은
무엇인가를 가지고 있다는 생각을 버리는 것.
과거를 돌아보거나 과거에 얽매이지 않는 것.
현재에 만족하고 아무것도 원하지 않는 것.
미래에 대한 기대와 바람을 일체 갖지 않는 것.
계율과 해탈마저 머릿속에서 지워 버리는 것.
그저 지금의 평온에 만족하고 그 안에 머무르는 것이다.
그러면 늙음도, 죽음도 사라진다.

-수타니파타 제5장

038

매번 휘둘리지 말라

그리운 것, 오래된 것을 애지중지하고 반기지 말라.
새로운 것에 매료되거나 눈을 반짝이지 말라.
사라져 가는 모든 것을
아까워하거나 아쉬워하지 말라.
슬퍼하거나 개탄하지 말라.
무슨 일이 벌어져도 흔들리지 말라.
몸과 마음이 휘둘리지 말아야 한다.

-수타니파타 제4장

039

편안하게 잠들기 위해서는

편안히 잠들고 싶은가?
그렇다면 마음속 분노를 던져 버리라.
누군가를 향한 분노를 품은 채
어찌 편안히 잠들 수 있겠는가?
응어리, 분노, 원한, 초조함과 같은 감정이
편안한 잠을 방해한다.
편안하고 아늑하게 잠들려면
분노로 가득 찬 마음을 내려놓으라.

-산유타니카야 7편 제1장

040

소유의
고락

부모는 자기 자식이
세상에서 제일 사랑스럽다고 여긴다.
자식 때문에 울고 웃으며 희로애락을 맛본다.
하지만 상관없는 다른 사람의 자식 일로는
기뻐 환호하지 않는다.
내 것은 소중하고 훌륭하다는
편향적인 생각에 사로잡혀 있기 때문이다.
한쪽으로 치우친 이런 마음은 늘 흔들리기 마련이다.
언젠가 잃을 수도 있다는 불안에 시달리기 마련이다.
마음의 동요야말로 고통의 가장 큰 원흉이다.
고통에서 벗어나고 싶다면
이 세상에 어느 것 하나 내 것은 없다고 여기라.

-산유타니카야 4편 제1장

041

진정한
명상이란

진정한 명상이란
일체 아무것도 생각하지 않는 것이다.
과거의 기억조차 떠올려서는 안 된다.
깊은 명상에 심취하면
어떤 것에도 흔들리지 않는다.
격렬한 파도를 넘어
진정한 자아가 보인다.

-산유타니카야 4편 제3장

042

최악은 자기 마음을 다스리지 못하는 것

첩첩산중에 둘러싸여 있는가?
두려움에 떨고 있는가?
몸을 가누기 힘든 시련으로 고통받고 있는가?
이 모든 것은 당신 마음이 행한 일의
결과라는 사실을 깨달으라.
증오심에 휩싸여 상대를 공격하는 행동,
원한과 시기심에 상대방을 저주하는 행동,
그 어떤 행동도
자신이 자신에게 하는 행동보다 심하지 않음을 깨달으라.

-우다나바르가 제31장

043

먼저
자기 자신을 가다듬으라

물길을 만드는 사람은
고생 끝에 산에서 강으로 물줄기를 끌어온다.
화살을 만드는 사람은
나무를 깎고 연마하고 모양을 가다듬는다.
집을 짓는 사람은
나무를 베고 조립하고 견고하게 벽을 세운다.
당신은 무엇을 할 것인가?
먼저 당신 자신을 가다듬으라.
몸가짐을, 마음가짐을 가다듬으라.

-담마파다 제10장

044

마음이
만드는 것

그곳에 있는 것은
당신 마음이 만들어 낸 것이다.
당신의 마음이
지금 눈앞에 놓인 것을,
지금 이 상태를 만든 것이다.
마음이 혼탁해지지 않도록 주의하라.
추악함은 탁한 마음에서 싹을 틔워
결국 당신을 고통 속으로 몰아넣는다.

-수타니파타 제1장

045

번뇌에 대하여

마음이 느끼는 감정에 일일이 휘둘리지 말라.
신체가 느끼는 감각에 일일이 신경 쓰지 말라.
그것은 길들지 않은 말과 같은 것이다.
말을 길들이는 데 능숙한 마부가 되라.
당신의 마음과 감각을 능숙하게 다루라.
마음의 소요를 잠재우라.

-담마파다 제7장

046

평정심을
찾으라

이것저것 떠오르는 생각을 버리지 않으면
편안하게 잠들 수 없다.
술렁거리는 마음을 가라앉히지 못하면
언제까지고 편안히 쉴 수 없다.
마음의 소요를 잠재우지 못하면,
평정심을 찾지 못하면,
하찮고 어리석은 일에 매일 휘둘리게 된다.
언제까지 이런 불안한 삶을 살 것인가?

-우다나바르가 제3장

047

혐오의 근원

누구에게나 음식이나 사람, 혹은
처한 환경에 대한 좋고 싫음이 있다.
그리고 그 감정은 음식의 맛, 상대방의 성격,
현재의 상황에 기인한다고 생각한다.
하지만 이는 잘못된 생각이다.
좋고 싫음 혹은 좋고 나쁨을 판단하는 것은
당신 자신이기 때문이다.
자신의 감정과 기분이 싫은 마음을 만들어 낼 뿐이다.
좋고 싫음은
당신이 멋대로 만들어 낸 망상에 불과하다.

-수타니파타 제2장

048

자기 자신을 다스리라

당신이 왕이라면
백성을 통치하는 데 고심하고 힘쓸 것이다.
음식을 혼자 차지하지 않고 공평하게 나눌 것이다.
그러지 않으면 원망과 분노가 폭발해
결국 멸망의 길에 이르기 때문이다.
그런데 왜 자기 자신은 그렇게 다스리지 못하는가?
수만 명도 아닌,
기껏해야 단 한 사람을 왜 다스리지 못하는가?
만족이 한없는 소유에서 오는 것이라
착각하는 것은 아닌가?
왜 자기 자신의 일이 되면 제대로 보지 못하는가?
평온한 마음이 되지 못하는가?

-산유타니카야 제4편 제2장

오직
나만의 길을 가라

049

험담도 칭찬도
돌같이 여기라

타인에게 험담을 들어도 흔들리지 말라.

칭찬을 받아도 자만하거나 우쭐하지 말라.

그 순간 교만이 당신을 진흙탕 속으로 밀치리라.

흔들리지 말고 의연하게 나아가라.

늘 한결같은 모습으로 살아가라.

-수타니파타 제2장

050

묵묵한 바위처럼

비난하는 자, 칭찬하는 자, 시기하는 자,
누가 어떤 말을 하더라도
흔들리지 말라. 동요하지 말라.
들뜨는 마음조차 품지 말라.
폭풍우에도 꿈쩍하지 않는
바위와 같은 영혼을 가지라.
마음이 일으키는 소요를 말로 풀어내지 말라.
말하는 데서 즐거움을 찾지 말라.
고통이 있으면 기쁨도 있는 법.
바위처럼 묵묵히 마음을 다스리라.
늘 가슴에 바위를 품고 살라.

-담마파다 제6장

051

사자가 되라

이 길을 가고자 한다면
어떤 소리에도 놀라지 않는
의연한 사자가 되라.
그물에 걸리지 않는 바람이 되라.
흙탕물에도 더러워지지 않는 연꽃이 되라.
늘 자애와 자비를 실천하면서
자신의 이익을 꾀하지 않는 인간이 되라.

-수타니파타 제1장

052

무명◇을 깨다

아무리 강한 바람이 불어와도
자그마한 파도조차 일렁이지 않는 물.
아무리 강한 햇볕이 내리쬐어도
차가움을 잃지 않는 물.
티끌 하나, 먼지 하나 없어
물고기조차 살지 않는 물.
너무나 평온하고 깨끗하게 자기 자신을 지키는 물.
악에 빠지지 않고 선을 행하며
기쁨도, 의혹도, 믿음조차 가지지 않는구나.
평온함을 넘어선 고요함.
무명을 깬 상태란 이런 것이다.

-수타니파타 제5장

◇ 무명無明이란 잘못된 의견이나 집착 때문에 진리를 깨닫지 못하는 마음의 상태를 이른다. 불교에서는 이를 모든 번뇌의 근원으로 본다.

053

자기 자신을 관찰하라

자기 자신을 잘 관찰해 보라.
마음이 어떻게 움직이는지,
무엇을 생각하는지,
어떤 감정에 휩싸이는지,
진지하게 관찰해 보라.
만약 마음이 욕망과 근심에 싸여 있다면 버리라.
처음부터 없었던 것처럼 무시하고
모든 것을 내려놓으라.

-대반열반경 제2장

054

나를 갈고닦는 것은 나의 몫이다

금강석을 연마하면 보석을 만들어 낼 수 있지만
인간은 다르다.
마음이 탁할 대로 탁해진 인간을 연마한다고
깨끗한 인간이 되지는 않는다.
스스로 깨끗해지는 수밖에 다른 도리가 없다.
타인이 당신을 깨끗하게 만들어 주는 일은 불가능하다.

-우다나바르가 제28장

055

주인공으로 살라

누군가의 지시대로 살고 있지 않은가?
주인이 명했는가?
고용주가 그렇게 살기를 바라는가?
혹은 세상 누군가의 흉내를 내고 있는가?
자신의 삶을 돌아보라.
어떻게 생각하고 행동하고 결정해 왔는지 돌아보라.
그 삶이 정말로 당신 것인가?
그저 욕망에 휘둘리고 있던 것은 아닌가?
끊임없이 용솟음치는 욕망에게 주인 자리를 내주고
꼭두각시가 되어 살고 있지는 않은가?
당신 인생인데 왜 당신이 주인이 되지 못하는가?
당신 인생의 주인은 당신이 아니던가?
당신 자신의 삶을 살라.

-수타니파타 제1장

056

왜 인생이 쓰다고 느끼는가

인생이 너무나 길게 느껴지는가?
너무나 고통스럽게 느껴지는가?
삶이 잠들지 못하는 자의 긴 밤처럼 느껴지는가?
피곤에 지친 자의 고행길 같다고 생각하는가?
아둔한 자일수록 인생의 여정이 길고 험한 법.
현명해지라.
인생이 고단하게 느껴지지 않을 정도로.

-수타니파타 제1장

057

현명한 이의 즐거움

고독을 즐기라.

현명한 이는 모두 고독을 즐긴다.

-담마파다 제6장

058

별이 가는 곳을 따라가라

지금 건강하게 살고 있음을 진심으로 기뻐하라.
스스로 만족하고 있음에 감사하라.
신뢰야말로 최고의 벗이다.
신뢰가 있으면 혼자 있어도 외롭지 않다.
혼자 있어도 위안을 받는다.
어리석은 짓을 삼가고 어리석은 사람을 피하라.
진실한 마음의 소유자와 사귀고
서로의 지혜를 나누며 기뻐하라.
어둠을 밝히는 달조차 별이 가는 길을 따라 움직인다.
당신도 그렇게 살아가라.

-담마파다 제15장

059

어디에도
의지하지 말라

어디에도 의지하지 말라.

흉내 내지도, 매달리지도 말라.

의지할 것은 오로지

있는 그대로의 자연의 섭리뿐이다.

그곳에 법도가 있다.

깨달음을 얻은 자들은 아는 법도의 참모습이 있다.

-대반열반경 제2장

060

고통의 싹을 뽑으라

세상에 존재하는 그 무엇에도 폭력을 가하지 말라.
다른 사람에게 상처를 주지 말라.
아이를 갖고 싶다고 생각하지 말라.
친구를 갖고 싶다고 생각하지 말라.
아이를 보고 있노라면 기쁨이 생기지만
그만큼의 걱정도 쌓이는 법.
친구도 마찬가지다.
친구가 주는 기쁨과 걱정은 다시 고통이 되어 돌아온다.
고통에서 벗어나고 싶다면
고통의 싹이 되는 것들을 바라고 원하지 말라.
아무것도 가지지 말고, 바라지 말고, 기대지 말고
그저 조용히 혼자서 가라.

-수타니파타 제1장

061

무소처럼
혼자서 가라

무리 속에 섞이지 말고 혼자서 가라.
어디에 가더라도 혼자 있음을 두려워하지 말라.
가진 것에 만족하라.
고난을 이겨 내고 두려워하지 말라.
추위에도, 더위에도, 굶주림에도,
뜨거운 햇빛과 바람에도 떨지 말라.
무서운 뱀과 맹수를 겁내지 말라.
죄를 짓지 말라.
모든 집착과 애착을 버리라.
부모에게 의지하지 말라.
마치 잎사귀가 다 떨어진 수목처럼 버티라.
혼자서 가라.
묵묵히 걷고 있는 저 무소처럼.

-수타니파타 제1장

062

가르침을 갈구하는 자

특별한 가르침을 갈구하는 자의 마음을
모르는 바 아니지만
그에게는 아직 욕망이라는 것이 도사리고 있다.
욕망을 버려야 한다.
이리하면 분명 이렇게 되겠지,
고민하는 자의 마음을 모르는 바 아니지만
그에게는 일을 다르게 하면 그르칠지도 모른다는
불안과 두려움이 도사리고 있다.
그 또한 번민이다.
모든 번민을 버리고 거짓 없이 솔직하게,
아무것도 따지지 말고 이 길로 나아가라.

-수타니파타 제4장

063

파도를 거스르려 하지 말라

고통과 번민, 욕망이 소용돌이치는 물살을 헤쳐 나가라.
힘으로 밀어붙이지 말고,
세차게 솟아오르는 파도를 거스르지 말고,
튼튼해 보인다고 하여
다른 사람이 만들어 놓은 배에 함부로 타지 말라.
오직 현실에는 무엇도 존재하지 않는다는 의지만으로
노를 저어 가라.

-수타니파타 제5장

064

곧고
바른 길

깨달음을 얻은 자는 단지 길을 알려 줄 뿐.
그 길을 걸어야 하는 사람은 당신 자신이다.
호수 위 백조가 단 하나의 길만을 가듯
그렇게 곧고 바른 한길만을 걸으라.

-우다나바르가 제11장

065

세상을
어렵게 사는 사람이 되라

이 세상에는 허세가 판을 친다.
악행과 천박함이 세상을 휘두른다.
그만큼 세상에는 악이 만연해 있다.
수치를 모르고 까마귀처럼 요란하게 울면서
뻔뻔하게 자신을 내세우는 자일수록
세상살이를 쉽게 생각한다.
수치심을 알고 청아하게 살고자 노력하는 사람,
절제를 알고 일에 전념하는 사람일수록
이 세상에서 살아가기 어려운 법.
하지만 당신은 후자를 택하라.

-우다나바르가 제27장

066

칭찬과 비난에 개의치 말라

비난을 받았다고 낙담하지 말라.
그 마음속에 칭찬받고자 하는 욕구가 있다.
세상 사람들이 쏟아 내는 비난과 칭찬에 개의치 말라.
가만히 있어도 비난을 받는다.
떠들어 대도 비난을 받는다.
말을 아껴도 비난을 받는다.
어떻게 대응해도 비난을 면치 못한다.
하지만 늘 비난만 받는 사람도,
언제나 칭찬만 받는 사람도 없다는 사실을 기억하라.

-우다나바르가 제29장

067

비교하지 말라

부처와 같이 평온하고 고요한 경지에 다다르려면
어떤 일에도 마음이 흔들려서는 안 된다.
마음이 흔들리지 않으려면
일체의 비교와 평가를 삼가라.
세상 끝까지 뛰어 결국은 세상을 멈추게 하고 멸하게 하라.
손해와 이익을 따지지 말라.
승패에 매달리지 말라. 우열을 가리지 말라.
상하를 두지 말라. 좌우로 편을 가르지 말라.
낡은 것과 새것에 개의치 말라.
아름다움과 추함을 나누지 말라.
있고 없음에 마음 두지 말고 농담과 명암을 따지지 말라.
그리고 많고 적음에 좌우되지 말라.

-산유타니카야 제1편 제2장

068

당신은 누구인가

이름과 직책이 곧 그 사람이라고 착각하지 말라.
이름과 직책이 당신을 대변한다고 착각하지 말라.
무엇을 해 왔는지,
무엇을 하고 있는지,
무엇을 할 것인지,
그것이 그를 대변하고 당신 자신을 대변한다.
무엇을 하느냐에 따라 누구는 장인이 되고
누구는 상인이 되고 또 누구는 농부가 된다.
당신은 누구인가? 무엇을 하고 있는가?
당신은 도대체 어떤 사람인가?

–수타니파타 제3장

069

좋고 싫은 마음을 버리라

좋아하는 것을 곁에 두고

싫어하는 것을 멀리하는 태도를 버리라.

좋고 싫음은 그저 미혹에 불과하다.

무엇이 좋고 무엇이 싫은지 갈등하는 마음을

단호히 버리고 의연하게 살라.

-수타니파타 제2장

070

등을
펴고 살라

험담을 입에 담지 말라.

노하지 말라.

물건을 아까워하지 말라.

순서에 구애 받지 말라.

그러면 거침없이 세상을 나아갈 수 있다.

등을 쭉 펴고 살아갈 수 있다.

-수타니파타 제2장

071

번뇌의 무게

모든 상상과 공상,
소문에 대한 평가, 걱정, 근심과 고민,
다가올 슬픔과 기쁨에 대한 예상.
모든 번뇌는 어느샌가 마음속에 둥지를 틀고 있다.
그렇다고 언제까지나 번뇌에 휘둘려서는 안 된다.
겹겹이 둘러싸여 무거워진 번뇌에 사로잡힌 채
언제까지나 암울한 생활을 반복해서는 안 된다.
번뇌를 끊어 버리라.
아까워하거나 뒤돌아보지 말라.
누군가가 대신 해 줄 수 있는 일이 아니다.
번뇌의 고리는 당신 자신만이 끊을 수 있다.

-수타니파타 제1장

072

진정한
승자

누가 진정한 승자인가?
전장에서 용감하게 싸우면서
백만 군사를 무찌른 사람인가?
아니면, 단 하나뿐인 자기 마음을
통제하고 극복한 사람인가?
도대체 누가 그를 이길 수 있겠는가?
천하의 어떤 신도 그를 이길 수 없다.

-담마파다 제8장

073

진중하게 몰입하라

어떤 상황에서도 서두르지 말고 신중하라.
안달하지 말고 꾸준히 성실하게 완수하라.
그것이야말로 현자가 걸어가는 평온한 길이다.
지름길이라는 생각에
무모하게 자갈밭을 걸어서는 안 된다.
머지않아 스스로를 해치는 날이 오리라.
착실하게 한 발 한 발 나아가라.
규율을 거스르지 않고 누구에게도 비난받지 않으며
스스로의 양심을 저버리지 않는 길,
그 큰길로 나아가라.

-우다나바르가 제4장

074

초연하게 나아가라

언제까지 악몽 속을 헤매며 불안한 마음으로 살 것인가?
언제까지 다람쥐 쳇바퀴 돌듯 반복되는
태만과 방자와 방만의 늪에서 허우적거릴 작정인가?
이러면 죽음을 겁내며 살게 될 뿐이다.
병과 고통과 불안에 휩싸여 하루하루를 살 뿐이다.
코끼리처럼 일어나 앞으로 가라.
코끼리조차 갈대가 무성한 초원을 향해
결연히 가지 않는가?
저 코끼리처럼 일어나 나아가라.

-우다나바르가 제4장

075

불평을
입에 담지 말라

이 길을 걷지 못하는 이유가
주변 환경이 따라 주지 않은 탓이라고 불평하지 말라.
주변 사람들이 나쁘다며 책임을 전가하지 말라.
곁에 누가 있든, 무슨 일이 벌어지든
당신하고는 관계없는 일이 아닌가?
주위가 어떠하든
집착을 벗어던지고 이 길을 가는 사람은
당신 자신이 아닌가?

-산유타니카야 제4편 제2장

076

전장의 코끼리처럼

전장의 코끼리를 본 적 있는가?

등에 병사를 태우고 전장으로 향하는 코끼리.

그 코끼리를 향해 적군은 끊임없이 화살을 쏜다.

화살에 맞아도 코끼리는 묵묵히 고통을 견딜 뿐

발버둥 치며 포효하지 않는다.

그런 코끼리가 되라.

비난의 화살이 쏟아져도

코끼리와 같이 묵묵히 견뎌 내라.

-담마파다 제23장

077

자기 자신을 잃지 말라

이익을 추구하기 급급해
자기 자신을 놓아 버려서는 안 된다.
타인에게 얽매여
자기 자신을 잃어버려서는 안 된다.
더 많은 이익을 얻는 데만 정신이 팔려
정신을 차려 보니 자기 자신의 존재가
온데간데없이 사라지는 불상사를 초래해서는 안 된다.
자기 자신을 소중히 여기라.
타인에게 관용을 베풀라.
그래야만 자기 자신을 소중히 여길 수 있다.

-산유타니카야 제1편 제8장

욕망을 비우고 고통에서 벗어나라

078

풍요를
나누라

인색하게 굴지 말라.

필요한 것은 스스로 내주라.

아까워하지 말라.

내주는 것은 빼앗기는 것이 아니라 나누는 것이다.

어리석은 자는

다른 사람에게 무엇을 내주면

자기가 궁핍해진다고 생각한다.

그런 궁핍한 마음을 훌훌 털어 버리라.

나눔으로써 더욱 풍요로워지리라.

-수타니파타 제1장

079

파멸의 길

스스로를 파멸의 길로 인도하는 일이 있다.

악에 물들거나 악인의 친구가 되는 것.

빈둥거리고 매사에 무리를 만드는 것.

태만하고 불같이 화를 내는 것.

풍요롭게 살면서 늙고 쇠약해진 부모를 봉양하지 않는 것.

부를 누리면서 나누지 않고 혼자 미식에 탐닉하는 것.

집안과 혈육을 자랑하면서 친척을 업신여기는 것.

술과 도박, 여색에 탐닉하는 것.

아내가 있음에도 만족하지 못하고

매춘부나 타인의 아내 혹은 젊은 육체를 탐하는 것.

재산을 낭비하는 것.

욕망을 다스리지 못하고 왕이 되고자 발버둥 치는 것.

-수타니파타 제1장

080

마음속의 먼지

누구나 안락한 거처를 원한다.
하지만 그것이 있기 때문에
안락함을 잃고 싶지 않은 욕심도 생기는 법.
욕심은 결국 두려움을 낳고
이 두려움은 얼마 가지 않아 마음속 먼지가 된다.
익숙해지지 않으면 집착하는 마음도 없다
두려움이 화해 먼지를 만들어 낼 일도 없다.
피안彼岸◇에 도달한다는 것은 이것을 의미한다.

-수타니파타 제1장

◇ 불교에서 사바세계 저편 깨달음의 세계를 말한다.

081

설익었다는 것은

설익고 비리다는 말은
쌀이나 두부, 채소, 고기 같은 음식에만 쓰는 말이 아니다.
살아 있는 생물을 죽이는 것. 훔치고 속이는 것.
다른 사람의 아내에게 마음을 빼앗기는 것.
욕망을 억제하지 못하고 난잡한 생활을 하는 것.
허무주의에 빠지는 것.
고집을 피우며 난폭한 행동을 하는 것.
친구를 배신하고 거만하게 구는 것.
욕망에만 눈이 멀어 타인과 나눌 줄 모르는 것.
분노하고 반항하고 시샘하며 거짓을 일삼는 것.
허위를 정의로 가장하고
성격이 나쁜 것을 이르는 말이다.

-수타니파타 제2장

082

진실을 듣는 귀

진실의 말이 귀에 들어와도

듣는 사람이 욕심에 물들어 있으면

제대로 받아들이지 못한다.

진실이 무엇을 말하고 있는지 들으려면

욕심을 버리고 득실을 따지지 않는 마음을 가지라.

헐뜯고 싸우려는 마음을 완전히 버리라.

무턱대고 의심부터 하는 마음을 버리라.

왜곡하지 말고 있는 그대로를 들으라.

-산유타니카야 제7편 제2장

083

진정한 재산

부귀라는 말을 들으면 대개 금은보화를 상상한다.
하지만 금은보화가 정말로
인간을 행복하게 해 줄 수 있다고 생각하는가?
재물이 있어 오히려 거만해지고 전전긍긍하며
싸우려 들고 불안에 떠는 마음이 생겨난다.
인간을 행복하게 해 주고
신뢰를 쌓게 하며 안도감을 주는 것.
그것은 바로 믿음이다.
진실되고 성실한 믿음.

-산유타니카야 제10편

084

방종한 인간의 최후

이 세상에 중요한 것은 아무것도 없다고 단정하고,
좋아하는 일에만 몰두하고,
자기 욕망을 채우기에만 급급하고,
먹고 싶은 만큼 먹고 마시며 절제를 모르고 살고,
태만과 게으름에 빠져 하루하루를 살다 보면
끔찍한 최후를 맞이하게 된다.
연약한 수목이 바람에 가차 없이 쓰러지듯
비참한 최후가 그를 기다리고 있으리라.

-담마파다 제1장

085

비는
드러나지 않는 곳에 내린다

마음에 분노를, 비겁함을, 탐욕을 감추고 있으면
그곳에 비가 쏟아지리라.
타인을 속이며 악행을 거듭하면,
노력하는 척만 하며 게으른 삶을 살면,
가려진 그곳을 향해 비가 쏟아지리라.
비가 쏟아져 덤불은 진흙탕이 되고
고통의 늪은 더욱 무성해지리라.
비는 드러나지 않는 곳에 내린다.
선명하게 드러난 곳에는 내리지 않는다.

-우다나바르가 제6장

086

목숨을 위해서만 먹으라

인간의 몸은
먹지 않으면 연명할 수가 없다.
그러니 목숨을 위해서만 먹으라.
포만감을 갈구하거나
식욕을 채우기 위해 먹지 말라.

-우다나바르가 제13장

087

부를 나누는 방법

황야에 작은 개천이 흐르고
그 속에서 차갑고 깨끗한 물이 솟아난다.
아무도 없는 황야에서는
그 물을 아무도 마시지 않는다.
결국 개천은 마르고 곧 바닥을 드러낸다.
같은 일이 인간 사이에서도 벌어진다.
우매한 자가 많은 돈을 얻는다 해도
자기 자신을 위해 그 돈을 충분히 쓰지는 못한다.
다른 사람에게 나누어 주지도 않는다.
결국, 많은 사람을 도울 수 있었던
그 많은 돈은 사라지고 만다.
지혜 있는 자라면 절대 그렇게 하지 않는다.

-산유타니카야 제3편 제2장

088

고요하게
살라

늘 고요한 마음으로 살라.

말을 삼가라.

조심스럽고 신중하게 행동하라.

현란한 쾌락을 추구하지 않는 곳에

진정한 쾌락이 있다.

-담마파다 제7장

089

욕망의
무상함

내 안에 도사리는 크고 작은 욕망을
천천히 들여다보라.
그러한 욕망은 항상 같은 모습,
같은 크기로 같은 열을 내뿜으며
그곳에 있는 것이 아니다.
욕망은 부풀어 올랐다가 시들해지기도 하고
색을 바꾸기도 하면서 모습을 바꾼다.
날카로워졌다가,
엉겨서 굳어졌다가,
타인의 욕망과 엉키기도 한다.
혹은 뱀처럼 똬리를 틀고
냄새나는 고름을 연신 토해 내기도 한다.
욕망은
변화무쌍하게 모습을 바꿔 가며
당신을 고통 속으로 몰아넣는다.

그런데도 왜 계속
추악한 욕망에 얽매여 살고자 하는가.
생각을 끊어 버릴 궁리를 왜 하지 않는가?

-우다나바르가 제2장

090

자기 자신의 존재를 즐기라

밖에서 즐거움을 추구하니
자기 자신이 하찮아 보이는 것이다.
밖에서 즐거움을 추구하니
언제까지나 자신의 존재를 즐기지 못하는 것이다.
자신의 존재를 즐기라.
자신의 변화와 성장을 즐기라.
더 이상 밖에서 즐거움을 추구하지 말라.
인생은 짧다.
밖에 있는 하찮은 즐거움으로
지금 이 순간을 낭비하지 말고
진지한 마음으로 자기 내면을 들여다보라.

-우다나바르가 제28장

091

세속에 물들지 말라

어떤 일을 하는 방법에는 여러 가지가 있다.
하지만 무엇을 하든 비열한 방법에 물들면 안 된다.
비열한 수에 물들면
정당하게 돈을 버는 것이 아니라
훔치는 것과 다름없다.
다른 사람들이 모두 한다고 해서
당신도 그런 습성에 물들지 말라.
어긋난 길을 가면 결국에는 번뇌만 무성해질 뿐.
조금 게으름을 피운들 아무도 모르겠지,
이런 얄팍한 마음으로 게으름을 피우지 말라.
세속의 악에, 세속에서 행하는 일에 물들지 말라.
자신을 완벽하게 지키며 사는 인생은 이런 삶이다.

-우다나바르가 제4장

092

깨달음을 얻는 법

깨달음을 갈망한다면
지금껏 부여잡고 있던 끈을 완전히 잘라내 버리라.
물고기가 그물을 찢듯이,
한 번 불타 버린 곳에 다시 불이 붙지 않듯이,
한 점의 사심과 미련도 남기지 않고
과거의 쾌락과 유희와 추억을 완전히 버리라.
그리고 모든 번뇌의 매듭을 끊어 버리라.
청정한 평온 속을 걷는 저 무소처럼.

-수타니파타 제1장

093

만족을 얻고 싶다면

만족을 얻고 싶은가? 흡족한 기분에 젖고 싶은가?
그렇다면 욕망을 벗어던지라.
이것저것 탐내지 말라.
이러면 좋았을걸, 저러면 좋았을걸,
더 가지고 싶은데, 더 벌고 싶은데,
최고가 될 수 있었는데,
더 좋은 것을, 더 아름다운 것을, 더 안락한 것을…….
욕망이란
가지고자 하는 열망에서 허우적대는 마음일 뿐.
욕망에 끝은 없다.
그러나 욕망을 버리면 바로 욕망의 끝이 보인다.
그리고 그 대신 충만함이 밀려온다.

-우다나바르가 제2장

094

행복에 이르는 길

행복에 이르는 길이란 무엇인가?

몸을 삼가고, 말을 삼가고, 마음을 삼가는 것이다.

삼가는 것은 자신을 속박하는 것이 아니다.

오히려 더할 나위 없는 안락함을 가져다준다.

그로 인해 얻을 수 있는 것은

고통으로부터의 해방과 행복이다.

-우다나바르가 제7장

095

제사와 공양을 일삼는 자들

제의와 제사를 지내고,
열심히 공양하고 봉헌하며
제물을 바치는 자들이 있다.
보란 듯이 신심을 자랑하는 자들은
오히려 세속적인 욕망에 갇힌 자들이다.
속세의 탐욕에 눈이 먼 자들이다.
진정한 도를 알지 못하는 자들이다.
세속적인 집착에서 벗어나지 못하는 자들이다.
그런 자들은 절대로 깨달음을 얻지 못한다.
일체를 초월하는 경지에 다다르지 못한다.

-수타니파타 제5장

096

망상이 갖는 힘

인간은 마음을 들뜨게 만드는 이런저런 생각,
상상 속에서 벌어지는 일에
현실적인 힘이 없다고 생각한다.
그림자도, 실체도 없기 때문에
그저 하염없이 떠오르는 망상에 불과하다고,
순식간에 증발하고 마는 공상에 불과하다고 생각한다.
허나 일단 재산과 권력과 물건을 탐내기 시작하면
망상은 맹렬한 기세로 현실을 덮으며
거침없이 욕망에 불을 붙인다.
그 불에 몸이 타들어 가는지도 모르고
더 거친 기세로 타오른다.
꺼지지 않는 욕망과 고통의 불이
영원히 활활 타오른다.

-수타니파타 제4장

097

어떻게
부처라고 확신하는가

어째서 당신은 나를 부처라고 생각하는가?
어떻게 부처라고 확신하는가?
내가 부처와 같은 모습을 하고 있기 때문인가?
내가 부처와 같은 목소리를 내고 있기 때문인가?
만약 그렇다면 당신은 그저
스스로의 욕심과 사심에 휘둘리고 있을 뿐이다.
부처를,
진정한 깨달음의 길을 바라는 것이 아니다.

-우다나바르가 제22장

098

겉모습에 현혹되는 자들

모든 것에는 형태와 색이 있다.
형태가 있는 모든 것은 손에 잡힌다.
살아 있는 모든 것은 소리를 내고
각자의 음을 가지고 있다.
입에 넣으면 맛이 느껴지고
냄새를 맡으면 나름의 향기가 느껴진다.
단지 그것뿐인데
단지 그것뿐임을 인정하지 않아 화를 부른다.
그럴싸한 형태에 마음을 빼앗기고
그럴싸한 색에 미혹된다.
그럴싸한 감촉에 자아를 잃어버린다.
형태와 색과 감촉에 도취되어 멋대로 가치를 정하고
잃고 싶지 않은 욕심에 마음이 산란해진다.
당신의 그런 마음이
스스로를 고통 속으로 몰아넣고 있음을 명심하라.

삶을 고통과 괴로움 속에 가두면

결국 무엇이 남는단 말인가?

-산유타니카야 4편 제2장

099

손이 닿을 때까지 힘쓰라

힘쓰고 노력하라. 쉬지 말고 걸으라.
과거에 게을렀다고 해도 그 과거를 후회하지 말라.
이제 다시 일어나 그대로 전진하라.
결코 어리석은 일에 힘을 쏟지 말라.
목표에 도달할 때까지 오로지 노력하며 나아가라.
손이 닿을 때까지 힘쓰라.
시시한 일에 마음을 빼앗겨 쾌락을 추구하지 말라.
당신이 목표로 하는 그 일이야말로
진정한 기쁨임을 잊지 말라.

-우다나바르가 제16장

100

잘 익은
과일의 맛

잘 익은 과일은 음미하면 할수록
달고 뛰어난 맛을 자랑한다.
하지만 아무리 단 과일도 허겁지겁 먹으면
단맛은 온데간데없이 사라지고
쓰고 신 맛에 혀끝이 아려 온다.
이것이 바로 애욕의 맛이다.

-우다나바르가 제2장

101

추악한 모습으로 살 것인가

단정치 못한 몸가짐, 인색함,
수치를 모르는 뻔뻔함도 모자라
사악하고 염치를 모르는 안하무인의 태도.
집요하고 욕심이 가득한 자.
살아 있는 생물을 아무렇지도 않게 죽이고
거짓과 속임수를 일삼는 자.
남의 것을 자기 것처럼 취하는 자.
남의 아내를 범하는 자.
시샘하고 남의 남편을 빼앗는 자.
술에 빠져 살고 도박에 심취한 자.
마음에 들지 않으면 불같이 성을 내는 자.
남을 헐뜯는 데만 열을 올리는 자.
자기가 늘 옳다고 믿는 자.
항상 기분과 욕심대로만 움직이는 자.
이런 추악함으로 무장한 채

빈들거리며 살아가려고 하는가?
이런 자는 조만간
썩은 낙엽과 같은 신세를 면치 못하리라.
발버둥 치며 인생의 끝을 맞이하리라.

-담마파다 제18장

102

욕망의 유혹은 마음에서 기인한다

아름다운 것, 수려한 것, 매혹적인 것.
인간을 유혹하고 고통 속에 가두는 욕망은
그런 것이 아니다.
그런 것들은 그저 그런 존재에 지나지 않는다.
인간을 고통의 연못으로 인도하는 것은
끝없는 사심과 지칠 줄 모르는 욕정, 그리고 욕심,
그 끝없는 연쇄에서 기인한다.

-우다나바르가 제2장

103

덕을 베풀며 사는 법

혼자 갖겠다는 욕심을 버리고
다른 사람에게 나누어 주라.
수치를 알고 부끄러운 행동을 삼가라.
금전에 벌벌 떨지 말라.
인색하게 굴지 말라.
항상 기분 좋게 내주라.
신뢰하는 마음을 가지라.
의심을 버리고 있는 그대로 믿으라.
신뢰하는 마음이야말로
무엇과도 바꿀 수 없는 큰 재산임을 알라.
이것이 덕이다.
덕을 행하면 평안과 행복을 얻으리라.

-우다나바르가 제10장

104

스스로 만드는 지옥

지혜를 갖추지 못한 자는
욕망과 탐욕에 눈이 번들거린다.
그들은 끝없이 상상하고,
허망한 것에 집착하고,
현실에 없는 것을 갈구하며
그럴싸한 것에 현혹되어 그것을 놓으려 하지 않는다.
또 다른 것을 찾아 헤매다가
결국에는 끔찍한 모습으로 신음한다.
이것이 지옥이 아니고 무엇인가?
지옥의 나락에 빠지지 않으려면
세속에 현혹되지 않도록 눈을 크게 뜨고
욕망과 망집을 버리라.

-수타니파타 제3장

105

격정은
어디에서 오는가

욕정이나 증오와 같은 감정이

마치 타인의 영향을 받아 생기는 것처럼 말하지 말라.

누가 당신에게 욕정을 일으켰다고 여기지 말라.

누가 당신에게 증오심을 심어 주었다고 여기지 말라.

욕정도 증오심도

그 뿌리는 당신 자신 안에 있다.

덩굴풀이 무성하게 나무를 뒤덮는 것처럼

마음속에 둥지를 틀고 있는

감정과 집착이 격정을 불러일으킨 것임을 알라.

-산유타니카야 제10편

106

평온한 삶을 사는 법

세상을 건너기 위해 꼭 필요한 것,
그것은 바로 진실함과 자제심,
사사로운 욕심을 버리는 것,
그리고 인내다.
무거운 짐을 견디라.
힘쓰고 노력하라.
베풀되 빼앗지 말라.
절제하는 마음으로 행동하라.
이렇게 살면 고통은 사라진다.
번민도 사라진다.
사는 동안 평온함을 누릴 수 있다.

-산유타니카야 제10편

107

어리석은 자는 이익만 좇는다

어리석은 자는
어떤 상황에서도 자기의 이익만 추구하려 한다.
제게 이득이 되는 일에만 관심을 갖고 움직인다.
세상 사람들에게 존경을 받고 싶어
영예의 징표를 얻는 일에 골몰한다.
어리석은 자가 어리석은 이유는
사사로운 이익만이 이익이라고 생각하기 때문이다.
진정으로 이로운 것은 평온임을
꿈에도 생각하지 못한다.

-담마파다 제5장

현명한 삶을 사는 법

108

덕의 향기

낮에 피는 타가라.

재스민, 백단향의 꽃과 청연화.

어떤 꽃도 그 향기가 바람을 거스르지 않는다.

하지만 덕이 있는 자의 향기는

바람을 거슬러 모든 이를 향해 퍼진다.

-우다나바르가 제6장

109

사는 동안
선을 행하라

화려한 꽃을 모아
아름다운 꽃 장식과 꽃다발을 만들듯이
늘 선을 행하라.
누구나 인간으로 태어나 인간으로 죽는다.
사는 동안 선을 행하라.
향기롭고 아름다운 선행의 꽃다발을 만들라.

-수타니파타 제1장

110

다만
생명이 있을 뿐

대지는 하늘이 되고자 발버둥 치지 않는다.

아무것도 바라지 않고

그저 웅대하게 펼쳐져 있을 뿐.

소리 없이 잠겨 있는 저 대지 위 저택.

그 깊은 고요함과 정숙함.

호수 저 깊은 곳은 늘 투명하고 맑다.

처음도, 끝도 없다.

삶도, 죽음도 없다.

그곳에 있는 것은

단지, 생명뿐이다.

-담마파다 제7장

111

현자가 세상을 보는 법

깨달음을 얻은 자는 이렇게 생각한다.

그들도 나와 같은 인간이다.

나도 그들과 같은 인간이다.

그들과 나 사이에는 아무 구별이 없다.

-수타니파타 제3장

112

아무것도
숨기지 않는다

진정으로 깨달은 자는 지혜를 가르쳐 줄 때
아무것도 숨기지 않는다.
속물적인 자들은
남을 가르치면서도 가끔 손안에 무엇인가를 감추지만
깨달은 자는 아무것도 감추지 않는다.
모든 것을 있는 그대로 전해 준다.

-대반열반경 제2장

113

최고의 삶

부모와 연장자에게
정중하고 예의 바르게 행동하라.
늘 부드러운 말투를 쓰고
타인의 허물을 눈감아 주라.
언제나 곧고 바른 마음을 가지라.
관대한 마음으로 베풀라.
아낌없이 주라.
타인이 간청을 해 오면 마음을 다해 대하라.
결코 화내지 말라.

-산유타니카야 제11편 제2장

114

낙원은 어디에 있는가

즐거운 곳이 어디인지 궁금한가?
화려한 성이 있고 물놀이를 할 수 있는 개울가가
즐거운 곳이라고 생각하는가?
숲이나 마을이 있는 곳이
즐거운 곳이라고 생각하는가?
그곳이 즐거운 곳인지 아닌지는
그곳에 무엇이 있는지가 아니라
그곳에 누가 함께 있는지에 달려 있다.
누구에게나 존경받는 사람이 있는 곳이
바로 낙원이 아니겠는가.

-산유타니카야 제11편 제2장

115

나 자신을 무엇으로 채울 것인가

한 방울의 물이 떨어진다.
한 방울,
그리고 또 한 방울.
한 방울씩.
그것이 하룻밤, 또 하룻밤.
텅 비어 있던 물병에 물이 채워진다.
드디어 물이 가득 차 넘친다.
작은 악행 한 방울도 이렇게 된다.
작은 선행 한 방울도 이렇게 된다.
인간이라는 물병이 차고 넘쳐흐르며
주위를 적신다.

-담마파다 제9장

116

진심을 다하는 법

왕과 신관들은 신에게 봉헌하기 위해
수많은 동물과 인간을 희생한다.
제물을 희생해 봉헌하면 신이 기뻐한다고,
그런 것이 제사라고 믿는다.
하지만 제물을 바치기만 하는 제사는
아무 의미가 없다.
그런 것들은 그저 잔혹함의 산물일 뿐이다.
땀과 고생을 낭비할 뿐이다.
진정한 제사는 이와는 다르다.
동물을 죽이지 않고, 어떤 희생도 강요하지 않으며
언제라도 할 수 있다.
혼자서도 충분히 지낼 수 있는 제사,
그것은 바로 선행과 명상이다.

-산유타니카야 제3편 제1장

117

업보의 진정한 의미

업보란 무엇인가? 윤회란 무엇인가?
그것은 악행의 연쇄 작용이다.
도둑질을 하면 도둑을 맞는다.
이용만 하고 버리면 이용만 당하고 버림받는다.
누군가를 도구로 쓰면 누군가의 도구가 된다.
죽이면 죽임을 당한다.
원한을 품으면 원한을 산다.
욕하고 화내면 그 업보는 결국 자신에게 돌아온다.
남에게 한 행동은 그대로 당신에게 돌아온다.
나무에 열매가 맺히듯이 악행이 맺히고
결국 업보가 되어 돌아온다.

-산유타니카야 제3편 제2장

118

세상의 본질은 공관◇

세상에 있고 없음은 없다.

그저 텅 비어 있을 뿐.

-수타니파타 제5장

◇ 천태종天台宗의 일심삼관一心三觀의 하나. 모든 존재는 인연에 따라 생긴 것이므로 그 자체에 본성이 없고 실체가 없음을 분별하여 관찰하는 것을 이른다. 초기 불교부터 대승 불교까지 이어지는 불교 내의 고유한 수행법이다.

119

스스로를 더럽히지 말라

악행의 정의는 너무나 명백하다.
그것은 당신 자신을 더럽히는 행위이다.
당신이 누군가를 더럽히는 것이 아니라
스스로 더러움을 자초하는 일이다.
아무도 그 더러움을 씻어 줄 수 없다.
당신이 스스로 묻힌 오물은 아무도 씻어 주지 못한다.
당신 삶을 어떻게 만들어 갈지는
모두 당신 손에 달려 있다.
당신 외에는 아무도 손을 뻗어 주지 않는다.
세상 누구도 당신을 깨끗하게 만들어 주지 못한다.

-수타니파타 제1장

120

지혜로운 가르침

눈으로 지혜로운 가르침을 아무리 많이 본다 한들
무엇이 달라지는가?
귀로 지혜로운 가르침을 아무리 많이 듣는다 한들
무엇이 달라지는가?
가르침을 듣고 보는 것만으로는 바뀌지 못한다.
가르침으로 가득한 책을 소중히 여긴다 한들
무엇이 달라지는가?
그것만으로는 아무런 소용이 없다.
당신이 가르침을 실천하는 그 순간
비로소 그것이 당신 속에서 살아나 꽃을 피운다.
가르침을 받은 대로 행동하라.
그러면 고통도 사라진다.
온 마음과 몸을 다해 실천하라.

-담마파다 제20장

121

가짜 승려

머리를 밀고 수행자의 모습을 하고 있다고
모두가 깨달음을 얻은 승려는 아니다.
보기에는 완벽한 승려의 모습을 하고 있어도
진짜가 아닌 자들이 훨씬 많다.
가짜 승려는 흑심과 사심을 가득 품고 있다.
절제를 모르고 거짓말을 일삼는다.
욕망에 가득 차 재물을 탐하는 것에만 정신을 쏟는다.
그런 자는 악인 그 자체다.
사악한 행동을 일삼고 늘 악한 마음을 품는다.
그는 진정한 깨달음의 길을 걷는 자가 아니다.

-우다나바르가 제11장

122

어리석은 자의 특징

이 길의 진실을 누구나 알고 있지는 않다.
이해력이 있고 없고는 중요하지 않다.
아무리 성심성의껏 가르쳐도 모르는 자가 있다.
이 길로 갈지 저 길로 갈지 갈팡질팡하는 자들.
말싸움을 즐길 뿐,
진실을 알려고 하지는 않는 자들.
언쟁하면서 더욱더 헤매는 자들.
그런 자들은 상상의 덫에 갇혀 진실을 외면하고
의심이 의심을 낳는 악순환만 되풀이할 뿐이다.
그들은 지극히 속되고 거칠기 짝이 없다.
그들의 삶은 평온하고 청정한 길과는 너무나 멀다.

-수타니파타 제2장

123

사물의 본질을 보라

지난날의 고통과 다시 맞닥뜨렸는가?

지난날과 같은 비탄의 눈물을 흘리고 있는가?

지난날과 같은 고통에 아파하고 있는가?

반복되는 고통과 비통의 윤회에서 벗어나고 싶다면

주변에서 일어나는 일의 본질을 알아야 한다.

본질의 본질까지 들여다보면

거기에는 집착밖에 없음을 깨닫게 되리라.

본질을 깨닫는 순간,

더 이상 똑같은 고통과 슬픔이 반복되지 않으리라.

-수타니파타 제5장

124

부처의 제자라면

부처의 제자라면 고독의 경지에 다다르도록 힘쓰라.
칭송과 영광을 누리고자 애쓰지 말라.
무턱대고 덤비지 말라.
누군가를 섬기지 말라.
누구에게도 의존하지 말라.
장사꾼이 되지 말라.
욕망의 덫에 빠지지 말라.
자기를 알리는 데 힘쓰지 말라.

-우다나바르가 제13장

125

손에 난 상처

손에 상처가 없으면
독을 만져도 아무 해를 입지 않는다.
하지만 상처가 있으면
독은 그 속으로 스며들어
금방 온몸으로 퍼진다.
손에 난 상처는 무엇을 뜻하는가.
다름 아닌 당신이 범한 악행이다.

-담마파다 제9장

126

악의 독이 당신을 좀먹는다

인간은 무엇이 악인지 알고 있다.
악은 바로 당신 곁에 있다.
악은 때로 아름다움을 가장해 당신을 유혹한다.
악은 언제나 당신 손안에 있다.
손바닥에 아주 작은 악행의 상처라도 있으면
악의 독은 그 상처를 통해 몸으로 파고들어
가차 없이 당신을 좀먹는다.
하지만 자신에게 단 하나의 상처도 내지 않으면
악의 독이 당신 안에서 퍼지는 일은
결코 생기지 않는다.

-우다나바르가 제28장

127

게으름의
결말

해야 할 일을 하지 않는 것은 좋지 않다.
살짝 손만 대고 방치하는 것도 좋지 않다.
그러다 보면 진실이 보이지 않기 때문이다.
원래 그곳에 무엇이 있었는지 보이지 않는다.
본질을 보고도 알아채지 못한다.
고통이 평안으로 변장해,
악이 선으로 변장해,
증오해야 할 대상이 사랑해야 할 대상으로 변장해
눈앞에 나타나는 것을 알아채지 못한다.

-우다나바르가 제5장

128

마음을 흔드는 것들

인간은 번뇌로 인해 흔들리는 존재다.

상상, 기대, 걱정.

보이지 않는 계산이

당신을 이리저리 뒤흔들어 놓는다.

타인을 의식하는 마음이

당신을 이리저리 뒤흔들어 놓는다.

흔들리는 난파선처럼 늘 오락가락하는 마음이

당신 눈을 멀게 하여

본질을 보지 못하게 한다.

-수타니파타 제5장

129

편견은
왜곡된 자기애

인간은 편견에 사로잡히기 쉽다.
편견 따위에 휘둘리지 않는다고 큰소리치는 사람조차
종종 편견에 사로잡힌다.
자기 생각이 옳다는 생각 또한 편견이다.
다른 사람의 말에는 신경을 곤두세우면서
본인이 그렇다고는 추호도 생각하지 않는다.
대개의 인간은 자기 자신을 좋아하고,
자기 생각은 공평하며
자기의 행동과 생각은 늘 옳다고 착각한다.
욕심을 버렸다고 큰소리치는 사람조차
스스로를 아끼고 좋아하는 마음을 어쩌지 못한다.
편견은 그 마음에 뿌리를 두고 줄기를 뻗어 나간다.

-수타니파타 제4장

130

깨달음을 위한 세 가지 처방

말할 때는 진실만을 입에 담아라.

타인에게, 자신에게 절대 화내지 말라.

비록 빈곤해지더라도 베푸는 데에 힘쓰라.

이 세 가지를 늘 실천하라.

그러면 비로소 속세에서 벗어나게 되리라.

-우다나바르가 제20장

131

집중하되
조급해하지 말 것

하찮고 시시한 생각을 벗어던지고

해야 할 일에 매진하라.

당신이 해야 할 일에 몸과 마음을 모두 바치라.

하지만 조급함은 금물이다.

-우다나바르가 제4장

132

설교하는 자를 조심하라

이런저런 설교를 늘어놓는 자가
고상하고 품위 있어 보일 수도 있다.
하지만 그가 정말로 그 말을 실천하고 있다고는
단정할 수 없다.
훌륭한 말을 늘어놓아도 그게 말뿐이라면
무슨 의미가 있는가?
소를 치는 자가 남의 소를 치려 하는 것과
무엇이 다르단 말인가?
그럴싸한 말을 늘어놓아도
스스로 실천하지 않는다면 아무 의미가 없다.
그는 단지 한심한 게으름뱅이에 지나지 않는다.

-우다나바르가 제4장

133

몸을
소중히 다루라

자기 몸을 함부로 하지 말라.
신체를 소중히 다루라.
인간에게는 마음만 있는 것이 아니라 몸도 있다.
신체에 해를 가하거나 소홀히 다루지 말라.
선행을 하려 해도 몸이 없으면 불가능한 법.
자신의 몸을 선행을 위해 쓰라.
악행을 행하면 마음은 물론
몸도 더러워짐을 알라.
말과 행동, 마음과 몸 어느 것에도
상처를 입히지 말라.

-우다나바르가 제7장

134

안락을 샘솟게 하는 대지

더 큰 성과를 바라는가?

그렇다면 그에 걸맞는 짐을 어깨에 메라.

그것이 바로 행복을 샘솟게 하는 땅이 된다.

그것이 바로 안락을 샘솟게 하는 대지가 된다.

-수타니파타 제2장

135

현명함과 어리석음

자신이 얼마나 어리석은지 아는 사람이야말로

현명한 사람이다.

현명하다고 자만하는 자일수록

어리석은 자임을 알라.

-수타니파타 제1장

136

말과 행동이 나를 만든다

악행을 범하지 말라.
악행을 범하는 순간 그 악행에 둘러싸여
깊고 깊은 동굴 속에 갇히고 만다.
당신이 행한 언행은 너무도 강해서
쉽게 사라지지 않는다.
스스로의 언행이 자기 자신을 만든다.
악행을 행하는 순간,
악의 업보에 얽매이고 악의 윤회가 시작된다.
끝없이 이어지는 악의 굴레에서 허우적거리게 된다.
그러므로 선행을 베풀라.
선이 자신의 업보가 되도록 끊임없이 선행을 베풀라.
선의 업보에는 목과 가슴을 쥐어뜯는 고통이 없다.
화염에 불타는 듯한 아픔이 없다.

-우다나바르가 제9장

137

악행의 대가

방금 젖소에게서 짠 우유는 금방 굳지 않는다.
꺼진 불씨는 사라진 것이 아니라
재 속에서 소리 없이 타고 있다.
이처럼 악행은 언제까지고 몸과 마음에 들러붙어
절대로 꺼지지 않는다.
마치 철에 들러붙어 있는 녹처럼
몸속에서 숙성되고, 썩고, 단단해져
절대로 떨어지지 않는다.
녹은 철을 갉아먹으며 결국에는
본래의 형체조차 남기지 않는다.

-우다나바르가 제9장

138

진정한 지혜에 도달한 자

승려의 신분을 가졌다 해도,
아무리 많은 힘을 쏟아 경전을 읽는다 해도,
승려의 가문에서 태어났다 해도
고귀한 깨달음을 얻은 자라고 할 수 없다.
그의 내면이 더러운 때에 찌들어 있다면
어찌할 도리가 없다.
어떤 일을 하든, 세상에서의 지위가 높든 낮든,
이 길과는 아무 관계가 없다.
명상에 힘쓰고 바른길을 가고자 실천하며
안과 겉이 늘 한결같고자 노력하는 사람이야말로
고귀한 깨달음의 경지에 도달할 수 있다.

-산유타니카야 제7편 제1장

139

악행은 근심을 낳는다

한 번 악행을 범하면
그때부터 근심이 시작된다.
그 근심은 무슨 일이 있어도 사라지지 않는다.
기쁘고 즐거운 일이 생겨도
악이 낳은 근심은 떨쳐지지 않는다.
아주 먼 옛날에 저지른 악행이라 해도,
아주 먼 곳에서 저지른 악행이라 해도,
그 악행의 뿌리는 당신 곁에 들러붙어 있다.
당신밖에 모르는 악행일지라도
그 근심은 무거운 추를 단 채
당신에게 매달려 떨어지지 않는다.

-우다나바르가 제28장

140

어리석은 자가 범하는 어리석은 행동

어리석음과 현명함은
머리의 좋고 나쁨에서 기인하지 않는다.
어리석은 자란 스스로를 망가뜨리는 일을 하는 자다.
악행은 모두 자기 자신을 망가뜨리는 행위다.
누군가를 부수고자 하는 행위는
결국 몇 배의 크기로 돌아와 스스로를 부순다.
당신을 불리한 위치로 내몰고 문제를 일으키고
엄청난 고통을 안겨 준다.
어리석은 행위는
스스로를 고통으로 내몰고
결국 멸망시키는 짓이다.

-담마파다 제5장

141

흔들리는
마음

누구나
마음을 가지고 있다고 말한다.
그렇다면 그 마음을
제 손으로 쥘 수 있어야 한다.
하지만 실제 당신 마음은 어떠한가?
흐물흐물 여기저기를 헤매고 요동치며
잠잠해질 줄 모른다.
잡았다가도 놓치고
어디론가 흘러가 버린다.
한순간도 마음을 단단히 누르지 못한다.
몸은 여기에 있는데
마음은 저 멀리 다른 곳을 향한다.
종종 가슴속 어두운 곳에 숨어들어
절망의 나락으로 당신을 떨어뜨린다.
그렇게 인간은

자기 마음의 실체를 알기는커녕
그 움직임조차 제어하지 못한다.

-담마파다 제3장

모두 비우고
가볍게 살라

142

애착의 무게만큼
인생은 무거워진다

가볍고 청정하게 살고 싶다면
일체의 집착과 애착을 버리라.
먼지만큼이라도 남겨 놓으면
그만큼 인생은 무거워진다.
젊을 때는 그 무게를 이겨 낼 수 있지만
언젠가 그 무게가 당신을 짓누르며 고통을 부른다.
버리라.

-우다나바르가 제30장

143

집착을 버리면 슬픔도 사라진다

당신의 슬픔은 진짜 슬픔이 아니다.
단단히 쥐고 있는 집착이 썩어
슬픔을 만들어 낸 것뿐이다.
가진다는 것은 무엇인가?
소유한다는 것은 무엇인가?
그것이 정말로 당신 것이었다는 증거가 있는가?
정말로 그것을 소유하고 있었는가?
내 것이라고 믿었지만
결국에는 썩어 없어진 것이 아닐까?
그래서 슬퍼하는가?
집착만 하지 않았어도 지금의 슬픔은 없었을 터인데.

-수타니파타 제4장

144

미래를
내다보려 하지 말라

해몽, 손금, 관상, 점술 같은 것에 의지하지 말라.
이 중 어떤 것이든 당신을 망설이게 한다.
중요한 결단을 내릴 일이 있어도 점술에 기대지 말라.
점술에 의지하는 만큼
당신은 스스로의 힘을 불신하는 꼴이 된다.
당신이 가진 본래의 힘을 쇠하게 만들고
불안을 키우기만 할 뿐이다.
망설인들 아무 소용이 없다.
망설이지 말고, 뒤돌아보지 말고, 스스로를 믿으라.
그리고 행동하라.
곧은길로 나아가라.

-수타니파타 제2장

145

어떤 것에도 매달리지 말라

당신이 사랑하는 것이 무엇인지 남에게 알리지 말라.
무엇을 좋아하고 무엇을 싫어하는지 생각하지 말라.
사랑하는 것에 마음을 쏟지 말라.
사랑한다는 그 이유 하나만으로
사랑이 영원히 자기 것인 줄 착각하기에.
사랑이 변해 가는 것조차 인정하지 못하기에.
모든 것은 시간과 함께 변해 가는 법.
집착을 버리지 못하면
고통도 그만큼 커지는 법.
마음에 품었던 것이 세상에서 사라지는 순간,
이 세상은 지옥으로 변한다.
지금이라도 깨달으라.
과거에 단단했던 집착의 끈이
지금 번민의 끈으로 바뀌어 당신을 괴롭히고 있음을.
물건을 사랑하는 자들이여,

사람을 사랑하는 자들이여,

자기 자신밖에 사랑하지 않는 자들이여.

어떤 것도, 어떤 사람도 내 것이라고 생각하지 말라.

사랑의 끈조차 영원할 것이라고 믿지 말라.

-우다나바르가 제5장

146

평안한 삶으로 가는 길

학문을 익힌다고 청아해지는 것은 아니다.

인간은 누군가의 가르침을 통해 청아해지지 않는다.

가진 지식이 아무리 풍부해도,

도덕에 대해 아무리 많이 알아도,

규율을 엄격히 지키며 살아도,

그런 것으로 인간이 청아해지는 것은 아니다.

가르침과 도덕과 규율에 구속되지 말라.

무엇인가에 매달리지 말라.

그래야 평안이 찾아온다.

청아함은 평안에서 나온다.

-수타니파타 제4장

147

고통의 연쇄

습관에 젖어 살다 보면 많은 일에 익숙해진다.
그 익숙함 속에 고통의 씨앗이 숨어 있다.
익숙함이 집착과 애착으로 변질되고
그것을 잃을까 전전긍긍하게 되며
이는 또 다른 고통을 낳는다.
또 어느샌가 거기에 먼지가 쌓이고
그것들이 당신을 더럽힌다.
그렇게 되지 않도록 항상 주의하라.

-수타니파타 제1장

148

내 것은
어디에도 없다

재산이 내 것이라고 여기는 마음에서
번뇌는 시작된다.
아이가 내 아이라고 여기는 마음에서
번뇌는 시작된다.
왜 그것이, 왜 그 아이가 당신 것인가?
당신 자신조차 당신 것이 아니거늘.

-수타니파타 제1장

149

버리면
가벼워진다

고통을 가만히 들여다보라.

누구에게 비난을 받았다, 누구 때문에 손해를 보았다,

누군가에게 졌다, 누군가에게 빼앗겼다,

이런 마음을 품고 있지는 않은가?

이런 마음 자체가 이미

원한을 품고 있다는 증거임을 깨달아라.

원한을 품으면 인생이 평온을 잃고 무거워진다.

일체의 원한을 버리라.

지금까지 품고 있던 모든 원한을 과감히 내려놓으라.

버리면 반드시 가벼워진다.

버리고 가볍게 살라.

-수타니파타 제1장

150

고통에서
벗어나는 법

고통에서 벗어나고 싶은가?

얽매임에서 벗어나고 싶은가?

모든 번민의 고리를 끊어 버리고 싶은가?

그렇다면 마음을 그곳에 두지 말라.

마음속에 아무것도 두지 말라.

-담마파다 제6장

151

높이 날아오르는 저 새처럼

집착하고 있는 것들을 내려놓으라.

비록 그것이 고향이고,

태어난 집일지라도.

백조가 물가를 떠나

저 하늘로 높이 날아오르듯이.

-담마파다 제7장

152

승패에 대한 집착을 버리라

이 세상에는 원한을 품고 사는 사람이 있다.
깊은 번민을, 이루어지지 않은 욕망을
가슴에 품고 사는 사람이 있다.
그들은 누가 이기고 졌다는 말을 늘 입에 올린다.
승리를 쟁취하면 원한이 싹을 틔우고
패배가 남으면 고통이 싹을 틔운다.
그러니 승부에 대한 집착을 버리라.
신음하며 고통스러워하는 무리 속에서 벗어나
당신의 인생을 즐기라.
평안 속에서 기쁘게 살아가라.

-담마파다 제15장

153

욕심을
끊어 내라

비가 거세게 내리고 온 들판에 잡초가 무성해진다.
많은 것을 바라고 원하면
불안과 걱정이 순식간에 당신을 에워싼다.
원숭이를 보라.
원숭이는 이 나무 저 나무로 열매를 찾아 헤맨다.
물욕을 채우기 위해 킁킁대는 자와 무엇이 다른가?
욕망의 나무를 잘라도 소용없다.
욕망의 깊은 뿌리를 끊어야 한다.
그러면 연꽃잎에서 또르륵 물방울이 떨어지듯
근심도 당신 마음속에서 떨어져 나가리라.
더 갖고자 하는 욕망을 마음속에서 걷어 내라.
분노를 걷어 내라.
마른 재스민 꽃잎이 떨어지고 새로운 꽃이 피어나듯이.

-담마파다 제24장

154

진정한 안락이란

세상 사람들이 안락이라고 여기는 것이 사라지면,
순식간에 모든 것이 고통으로 변한다.
술에, 음악에, 음식에 취하는 것이 그렇다.
깨달음을 얻은 자의 안락은 이와는 다르다.
깨달음을 얻은 자는
몸이 받아들이는 일체의 감각을 끊어냄으로써
비로소 안락을 얻는다.
이 안락은 쾌락도, 고통도 아니다.
이 안락은 한 점 바람에 흔들리기는커녕
미동조차 하지 않는다.
철저한 무無의 세계다.

-수타니파타 제3장

155

판단하지 말라

좋음과 나쁨, 맛있음과 맛없음, 아름다움과 추함,
크고 작음, 멀고 가까움, 강함과 약함.
인간은 사물과 현상에 대해
가치를 부여하고 판단하려고 한다.
하지만 이는 옳은 일이 아니다.
가치를 부여할 수 없는 것에 가치를 부여하고
제멋대로 잣대를 들이대고 있기 때문이다.
그러니 가치를 측정하고 판단하지 말라.
그 판단이 당신을 번민 속에 몰아넣는다.
고통에서 벗어나고 싶다면
가치를 부여하고 판단하는 일을 멈추라.
희뿌연 안개 속이 아닌 맑디 맑은 세상에서 살라.

-수타니파타 제3장

156

무엇에도
얽매이지 말라

특정한 사상만을 진리라고 믿고
다른 사상은 잘못되었다고 믿는 마음을 버리라.
그 또한 그 사상에 얽매인
편견에 지나지 않기 때문이다.
경험하고 배우고 익히고 생각하는 수많은 것 중에
하나 또는 몇 가지만을 중시하고,
그것만을 좋다 믿고 따른다면
그 또한 편견에 휩싸인 구속이다.
이 길을 가려면 구속에서 벗어나라.
계율과 도덕에도 얽매여서는 안 된다.
일체의 집착을 버리고
어떤 집단에도 의존하지 말라.

-수타니파타 제4장

157

진정한 배움의 자세

무언가를 배울 때

어떠한 이익도 바라지 말라.

어떤 일을 해서 아무 소득이 없더라도

분노하지 말라.

과거에 연연하지 말라.

미래를 보지 말라.

바라고 원하는 마음조차 갖지 말라.

-수타니파타 제4장

158

믿음조차
집착일 뿐

믿는 것조차 집착이다.

신앙조차 버리라.

-수타니파타 제5장

159

나라는 존재는 없다

깨달음의 경지에 이르면 나라는 존재는 사라진다.
내 것이라는 관념조차 사라진다.
그럼에도 부처가 '내가 말하거늘'
하며 말하는 것은
그저 의미를 쉽게 풀어 설명하기 위함이다.
이해하기 쉽게 말로 표현하기 위함일 뿐이다.
실제로 부처는
나라는 존재에 대해 전혀 생각하지 않는다.

-산유타니카야 1편 제2장

160

지금 당장
시작하라

걱정과 번민은 이제 그만두어라.
하나의 번민이 사라지면
또 다른 번민이 문 앞에 기다리고 있다.
끝없이 이어지는 번민의 윤회에서 이제 벗어나라.
걱정과 번민은 온종일 당신 집 안에 틀어박혀 있다.
당신 머릿속을, 마음속을 온통 채우고 있다.
밖으로 나가라.
자책을 멈추고 모든 것을 벗어던지고 밖으로 나가라.
다음 주가 아니라, 내일이 아니라
지금 당장 밖으로 나가라.
그리고 해야 할 일을 찾아 당장 실천하라.
그러면 번민이 이내 자취를 감출 것이다.
번민의 윤회에서 비로소 벗어날 것이다.

-우다나바르가 제4장

161

고통의 바다를 건너는 법

때때로 삶에 찾아오는
난관과 격류, 인고의 시간을 무사히 넘고 싶은가?
그렇다면 의심하는 마음을 단호히 버리고
완전히 믿으라.
끝없는 항해와 같은
기나긴 시련에서 벗어나고 싶은가?
그렇다면 한시도 태만하지 말고 힘쓰며 노력하라.
개운하고 말끔한 기분으로 살아가고 싶은가?
그렇다면 한 점 구름 없이 명료한 지혜를 갖추라.
그 지혜는
망상과 망언을 버리는 데서 시작된다.

-우다나바르가 제10장

162

괴로움의 근원

고통은 어디에서 오는가?
고통은 밖에서 시작되는 것처럼 보이지만
실은 자기 마음속에서 시작된다.
마음의 동요와 망설임으로부터
고통과 근심, 불안이 모습을 드러낸다.
마음의 동요를 잠재우고 싶다면
모든 사물과 현상,
그리고 자기 자신에 대한 집착마저 버리라.
자기 자신에 대한 애착, 자만과 교만.
이런 것들이 집착을 낳는다.
이런 집착을 완전히 버리면
지금까지의 고통 역시 순식간에 사라진다.

-수타니파타 제3장

163

홀가분한
삶의 태도

좋은 친구를 가지라.
소란스러운 번화가를 벗어나
인적이 드문 조용한 곳에서 살라.
먹고 마시는 것은 적당한 양만 취하라.
입는 것, 먹는 것, 소유하는 것,
살고 있는 집에 애착과 욕심을 갖지 말라.
세상 사람들과 같아서는 안 된다.
욕망투성이 세상에 몸과 마음을 내줘서는 안 된다.
마음속에 둥지를 틀고 있는 방만함을 버리라.

-수타니파타 제2장

7장

지혜롭게 나이 드는 법

164

지혜로운
노인이 되라

백발이 성성하다 해서
꼭 지혜로운 노인은 아니다.
그저 나이를 먹어 갈 뿐,
허무하게 보잘것없이 늙어 가는 자도 무수히 많다.
나이를 먹어 갈수록
매 순간 성실하게 인격을 갈고닦으라.
비탄에 잠겨 다른 사람에게 고통을 전가하지 말라.
항상 진지하고 신중하게
몸과 마음을 가다듬으라.

-담마파다 제19장

165

죽음은 우리를 기다려 주지 않는다

죽음이 곧 당신을 찾아온다.
들꽃을 따는 처녀를 순식간에 낚아채 가듯이,
잠든 마을을 순식간에 덮치는 홍수와 같이
갑자기 당신을 찾아온다.
꿈을 이룰 시간이 충분히 있다고 생각하는 사이에
죽음이 당신을 덮친다.

-수타니파타 제1장

166

인생은 한 방울의 물

물방울이 한 방울 두 방울 떨어진다.
한 방울의 물이 모여 결국 물병을 가득 채운다.
이처럼 악은 물방울처럼 쌓이는 법.
이처럼 선은 물방울처럼 쌓이는 법.
한 방울의 물이 인생이라는 물병을 가득 채운다.

-담마파다 제9장

167

슬픔을
넘어서

인간의 목숨에는 정함이 없다.
장수할지 단명할지 아무도 알지 못한다.
젊은 사람이건 늙은 사람이건
현명한 사람이건 아둔한 사람이건
최후에는 누구나 죽음과 맞닥뜨린다.
아무리 비탄에 잠기고 애통해한들
죽은 자는 다시 살아오지 못한다.
죽은 자에게는 산 자의 손이 미치지 못한다.
그러므로 하염없이 눈물을 흘린들 아무 소용이 없다.
슬픔에 자신의 몸을 망가뜨리기도 하지만
비탄은 애착과 근심에서 생겨나는 번뇌의 일종이다.
그 번뇌의 화살을 당신 손에서 내려놓으라.
그러면 슬픔을 넘어 마음의 평화가 찾아오리라.

–수타니파타 제3장

168

늙음과 죽음을 두려워하지 말라

누구나 언제 올지 모르는 죽음을 생각하며 두려워한다.
누구나 늙고 쇠약해지는 날이 올까 두려워한다.
이런 두려움을 안고 사는 인생은
늘 격류와 씨름하며 사는 것과 마찬가지이다.
그러나 너울거리는 물살 저편에
물보라 한 방울도 닿지 않는
평온한 모래톱이 있음을 기억하라.
두려움에 떠는 자들을 위한 피난처.
그 모래톱은 다름 아닌 해탈이다.

-수타니파타 제5장

169

피할 수 없는 삶의 이치

신에게 삶을 부여받은 자는
죽음 또한 피할 수 없다.
도공의 손에서 태어난 도자기가
언젠가는 깨지듯이.
과일이 익으면
언젠가는 나무에서 떨어지듯이.

-수타니파타 제3장

170

죽음은 불가사의한 일이 아니다

누군가가 죽었다고
통곡하는 자들이여.
왜 죽음을 맞아야 하느냐고
하늘에게 묻는 자들이여.
죽음을 가장 큰 재앙으로 여기는 자들이여.
인간이 죽는다는 것은
결코 불가사의한 일이 아니다.

-대반열반경 제2장

171

수명에
연연하지 말라

세상 사람들은 자기 생명이 너무나 아까워
하루라도 생명을 더 연장하려고 노력한다.
하루라도 더 살기 위해 필사적으로 매달린다.
하지만 깨달음을 얻은 자는 목숨에 집착하지 않는다.
생명을 연장하는 일에 의미를 두지 않는다.
모든 것을 있는 그대로 인정할 뿐이다.

-산유타니카야 제4편 제1장

172

나이를 먹는다고
어른이 되지는 않는다

배우는 게 적으면 소처럼 늙고 쇠퇴해 간다.
살만 불어날 뿐 지혜는 늘지 않는다.
그런 노인이 되고 싶은가?
웃음도 모르고 기쁨도 모르고
지식도 없고 등불조차 갈구하지 않는 초라한 노인.
병마에 시달리면서 추악한 욕망에만 휩싸여
그저 비틀대기만 하는 노인.
열망도 없고 마음은 피폐하며
남 속이기에만 급급한 노인 말이다.

-담마파다 제11장

173

사나운 바다를 건너라

번뇌는 세차게 소용돌이치는 물살과 같다.
번뇌는 사나운 바다와 같다.
그러나 두려워하지 말고 바다를 건너라.
늙음도 쇠함도 사라지리라.

-수타니파타 제5장

174

진실만을 보라

일체의 악에서 벗어나라.

선을 행했더라도 선을 행했다고 생각하지 말라.

선을 행함에 가치를 두지 말라.

이 세상을 가감 없이 보라.

진실만을 가려서 보라.

그 눈에 당신의 상상과 마음을 담지 말라.

그저 있는 그대로를 보라.

죽음을 끝이라고 여기지 말라.

죽음 또한 이 세상의 진실 중 하나일 뿐임을

절대 잊지 말라.

그렇게 살면 반드시 편안해지리라.

-수타니파타 제3장

175

세월의 흐름에서 벗어나려면

마음의 해탈, 충만한 지혜로 얻은 해탈.
마음속을 가만히 들여다보라.
그러면 고통의 원인이 보인다.
무엇 때문에 마음이 흔들리는지 보인다.
지금까지의 인식을 모조리 바꾸라.
늙고 젊음은 결국 망상에 불과함을 깨닫게 되리라.
그때 비로소 젊고 늙음, 있고 없음 같은
모든 생각이 흔적도 없이 사라지리라.
세월의 흐름에서 벗어나리라.

-수타니파타 제3장

176

인생이 길게 느껴지는 이유

좀처럼 잠들지 못하는 자에게
밤은 헤아릴 수 없이 길고도 길다.
몸과 마음이 녹초가 된 자에게는
아주 짧은 길조차도 너무나 멀게만 느껴진다.
왜 인생이 길고 아득하게만 느껴질까?
그것은 옳은 길을 모르기 때문이다.
옳은 길을 모르기 때문에 늘 잘못된 선택을 한다.
잘못된 선택을 하니
한 가지 문제가 또 다른 문제를 만들어 낸다.
꼬리를 물고 이어지는 문제들은
고통을 부르고 인생을 고달프게 만든다.

-담마파다 제5장

참고문헌

- 《부처의 말 수타니파타》, 나카무라 원역, 이와나미문고
- 《부처의 진리의 말 감흥의 말》, 나카무라 원역, 이와나미문고
- 《부처의 마지막 여행 대반열반경》, 나카무라 원역, 이와나미문고
- 《부처 신과의 대화 산유타니카야1》, 나카무라 원역, 이와나미문고
- 《부처 악마와의 대화 산유타니카야2》, 나카무라 원역, 이와나미문고
- 《불교성전》, 도모마츠 엔타이, 고단샤 학술문고
- 《THE TEACHING OF BUDDHA 일영대조불교성전》, 재단법인 불교전도협회
- 《Lebensweisheit des Buddha》, Eva-Maria Kulmer, Diederichs Eugen

2500년 고전이 우리에게 전해 준 삶의 해답

초역 부처의 인생 수업

초판 1쇄 발행 2026년 2월 17일

지은이 시라토리 하루히코
옮긴이 정은지
펴낸이 최현준

편집 강서윤, 홍지회
디자인 홍민지

펴낸곳 빌리버튼
출판등록 2022년 7월 27일 제 2016-000361호
주소 서울시 마포구 월드컵로 10길 28, 201호
전화 02-338-9271
팩스 02-338-9272
메일 contents@billybutton.co.kr

ISBN 979-11-24075-10-4 (03100)